De ESCLAVO a EMPRESARIO
Cómo creé mi propia empresa

Franklin Díaz

Edición especial para su publicación en papel bajo demanda en el portal Cratespace y en todos los portales de Amazon a nivel mundial.
Todos los derechos reservados.
El diseño de portada, la maquetación y publicación de esta obra han sido realizadas por su autor Franklin A. Díaz Lárez.
Copyright © 2017 Franklin A. Díaz Lárez.
Prohibida su reproducción total o parcial sin la autorización expresa y por escrito del autor.
Tenerife - España Agosto de 2017.
ISBN-13: 978-1974572168
ISBN-10: 1974572161
Blog del autor:
http://diazfranklin.wordpress.com

A todos los que me dijeron que no podría alcanzar mis objetivos.

A quienes desean liberarse definitivamente del yugo de las modernas formas de esclavitud laboral de nuestro tiempo, y de la incertidumbre cruel y dramática del desempleo.

INDICE

CAPÍTULO PRIMERO *11*
Sin salidas
El concepto de inteligencia
Cuando nada funciona

CAPÍTULO SEGUNDO *17*
El que quiere trabajar, trabaja ¿O no?
Las conversaciones con el primo Genovevo

CAPÍTULO TERCERO *27*
La inútil formación para el trabajo.
La opinión de los especialistas en la búsqueda activa de empleo
El marketing personal
Defectos y virtudes. Autoanálisis

CAPÍTULO CUARTO *33*
La moraleja del problema de los nueve puntos.
La solución desde "dentro" o desde "fuera"
Las opiniones ajenas como error

CAPÍTULO QUINTO *37*
Ni burro ni esclavo
Lo positivo de lo negativo
Reflexión y meditación
Autotortura y determinación
La decisión

CAPÍTULO SEXTO **47**
Los tipos de trabajadores
Objetivos, soluciones y programación
Problemática de la idea
Los modelos ajenos

CAPÍTULO SÉPTIMO **55**
Iniciativa fallida
Las interrogantes y las respuestas
El caso de mi hermano Gustavo

CAPÍTULO OCTAVO **67**
Los "sabelotodo" y los "puedelotodo"
Los fabricantes de idiotas
La literatura basura

CAPÍTULO NOVENO **75**
Cambio de idea, cambio de pensamiento
El dinero NO es el problema

CAPÍTULO DÉCIMO **85**
Problemática de la financiación
Las puertas cerradas

CAPÍTULO UNDÉCIMO **93**
La solución final
Inicios, establecimiento y consolidación
Desarrollo de la actividad

EPÍLOGO ***111***

CAPÍTULO PRIMERO

Sin salidas
El concepto de inteligencia
Cuando nada funciona

> *"Allí donde la vida levanta muros,*
> *la inteligencia abre una salida"*
> *(Marcel Proust)*

Hubo un día que dije: ¡ya no aguanto más! Era comprensible que así fuese. Había traspasado todos los límites de mi desesperación. Cientos, quizás miles de horas dedicadas al peculiar "trabajo" de "buscar trabajo" perdidas. Preciosísimo tiempo de mi vida malgastado. Ninguna de mis incontables estrategias y múltiples esfuerzos por encontrar empleo habían servido para nada. Y todos los argumentos por darme fuerza y valor para seguir buscando se habían esfumado. Desaparecieron sin más. Me sentía como el náufrago solitario abandonado a su suerte en medio de un océano inmenso, que por mucho que se afana en encontrar tierra en el horizonte ve pasar un día detrás de otro sin ningún resultado. Llega el momento en el que las esperanzas, por más que te empeñes en mantenerlas, simplemente desaparecen.

Tratas de no llegar a estados de angustia y desesperación, pero no lo puedes evitar. Las necesidades de tu familia no pueden esperar más. No puedes ir al supermercado y decirle a la cajera que le pagarás otro día porque ahora mismo no tienes trabajo. No puedes decirle a los de la luz, el agua o la basura que estás imposibilitado para pagar los servicios y que no te los cobren ahora porque simple y llanamente no puedes pagarlos. Lo que haces es llenarte de deudas, comenzar a pedir prestado por todas partes, e intentar alargar el cumplimiento de tus obligaciones.

Particularmente me ocurría que mientras más angustiado y desesperado estaba, peor me salían las cosas. Era como si alguna ley invisible de la naturaleza me devolviera aquel estado de consternación en resultados negativos, y con ello, más angustia, mayor desesperación. Un círculo vicioso que estaba acabando con mis nervios y, en consecuencia, con mi salud mental.

No podía seguir así.

«¿Y ahora qué hago yo? —pensé—. Algo tendré que hacer. Alguna solución tiene que haber.»

Muchos, en situaciones similares, se dedican a buscar culpables; el sistema, los políticos, la crueldad de los empresarios, el capitalismo, la conjunción de los astros, las mareas, la luna, el mal de ojos, los vendedores de aguacates, etc. A todo se le puede echar las culpas de lo que te pasa cuando no das con la solución de tus problemas.

Yo no sé cuánto de responsabilidad tendrán otros de lo que me pasa a mí, si es que alguna tienen. Ni lo sé ni me he preocupado nunca en averiguarlo. Jamás se me ha ocurrido pensar en algo así para justificar mis males. Cada vez que tenido un problema, he procurado pensar en la solución, no en las causas que lo originaron ni en el problema en sí mismo. Solo he pensado en él en tanto y en cuanto haya creído que con ello me pueda ayudar de alguna manera a encontrar la solución.

Si un día me despierto y noto que tengo una llaga en una pierna, no centro mi atención en el mosquito que me picó causándome la lesión, en la ausencia de insecticidas o mosquiteras de mi habitación, o en la herida misma, sino en cómo la voy a curar. Después pienso en lo demás. Lo primero es la solución.

Es cuestión de formas de pensar.

Creo recordar que alguna vez alguien dijo que la inteligencia era la capacidad de resolver problemas. Se supone que mientras más capaz seas de resolver problemas, más inteligente eres.

Yo no sé si seré un hombre inteligente o no. Nunca me he considerado una persona bruta, es decir, una persona carente de inteligencia o con niveles excesivamente bajos de ella. Cada vez que he tenido ante mí un problema, siento cómo mis neuronas entran en ebullición buscando la solución. Es algo casi automático; problema - búsqueda de solución. Y no me quedo tranquilo hasta dar con ella.

Sin embargo, algo de bruto sí que debía tener, porque ante aquel gravísimo problema de desempleo que tenía, no hallaba soluciones por ningún lado. Simple y llanamente nadie quería contratarme. En ninguna parte había trabajo para mí. Aquella era una realidad innegable, objetiva. Sentía como si estuviese ante una complejísima partida de ajedrez en la que era imposible encontrar la próxima jugada sin que ello implicase darle la victoria a mi contrincante.

No se trataba de que yo no hiciese mis mayores y mis mejores esfuerzos por encontrar empleo. Estaba convencido que ponía lo mejor de mí para lograrlo. Pero, la parte de contratarme, que no me correspondía a mí, no aparecía por ningún lado. Y yo no podía obligar a los empresarios a colocarme.

Juro por Dios que no hubo currículum que no enviara, oferta de empleo que conociendo no llamara ni curso de formación que no realizara. Hice todo lo que estaba a mi alcance para solucionar mi problema de desempleo y no lo resolví.

Lo único que logré fue llenarme de angustia y desesperación a medida que transcurría el tiempo e iba viendo que nada de lo que hacía funcionaba. Y parecía normal que así fuese. Ya iba a cumplir tres largos años de mi vida sin trabajar, o mejor dicho, "trabajando" de gratis en la búsqueda activa de empleo sin obtener ningún resultado.

Algo debía estar haciendo mal, por lo que cambié de estrategia no una, sino mil veces. Hice montones de currículos diferentes adaptando cada uno a la oferta de trabajo concreta para la que en su momento me estuviese postulando. Asistí a montones de entrevistas. Esbocé mis mejores sonrisas. Apliqué los más socorridos métodos para seducir a mis entrevistadores. Me preparé en todos los campos que humanamente me fue posible haciendo cursos y formaciones de todo tipo; camarero, panadero, pastelero, ayudante de cocina, albañil, carpintero, diseñador de páginas webs, programador, manipulador de alimentos, conductor de maquinarias industriales, soldador, etc., y nada. Nadie me llamó para darme empleo.

¡Qué desesperación!

CAPÍTULO SEGUNDO

El que quiere trabajar, trabaja ¿O no?
Las conversaciones con el primo Genovevo

> *"La enfermedad del ignorante es*
> *ignorar su propia ignorancia"*
> *(Amos Bronson Alcott)*

En medio de lo adverso e ingrato de mis circunstancias, un elemento se sumaba a mis penurias. Escuchar algún cretino o cretina decir:

«El que quiere trabajar, trabaja. El que no, es un vago»

Era algo que incrementaba notoriamente la acidez de mis aflicciones. Y no lo podía evitar. Había que ser despiadado para decirme algo así encontrándome en aquel estado.

Yo me preguntaba una y otra vez:

«¿De dónde demonios me saco un puesto de trabajo? ¿Qué milagro tengo que hacer? ¿A qué Santo me encomiendo? ¿Dónde estás Dios, que no me ayudas cuando te necesito?»

Uno de aquellos necios que insinuaba lo de que yo no trabajaba porque no quería, era el hijo de una hermana de mi madre; mi primo Genovevo. Lo peor de todo era que el muy degenerado hablaba de mí a mis espaldas. A todo el mundo le decía lo que pensaba de mí, menos a mí mismo. Y ocurría que aquellos a quienes se los decía, me venían luego con el cuento de sus desagradables comentarios, quizás, para contribuir con él en mi tortura psicológica.

Uno de aquellos días me harté de sus malsanas críticas y decidí enfrentarlo. Me comuniqué con él vía chat y sostuvimos una entretenida conversación.

—Yo en tu lugar cualquier cosa hacía —dijo—. Me pondría a vender tortas por la calle, cargar pasajeros con el coche, vender enciclopedias de casa en casa..., "algo" haría. Lo que no puedes hacer es quedarte de brazos cruzados esperando a que te caigan las soluciones del techo.

Juro que cuando lo oí, quise echarme a llorar.

—Mira... ¡MEQUETREFE! —le dije con mucho cariño— No sé si te has dado cuenta, pero ocurre que desde hace algunos años ya no vivo en Venezuela, ¡SINO EN ESPAÑA! Aquí no se puede hacer nada de eso que dices. Esto no es como en Venezuela que cualquiera se puede montar una cesta llena de aguacates o de mangos en la cabeza y salir a venderla por las calles, o como dices tú: de casa en casa. Eso aquí no se puede hacer. No me puedo poner a cargar pasajeros en mi coche porque no tengo licencia de taxista, y aún teniéndola, tendría que comprar otro coche distinto, porque el mío no está habilitado para servir de taxi.

—Esas con excusas tuyas —dijo—; aquí tampoco se puede hacer nada de eso y la gente igual lo hace.

Rogué a Dios y a todos los Santos para que me diesen dosis extras de paciencia para tratar de explicarme con la mayor nitidez y la mayor coherencia posible..

—Mira primo... —le dije tomando una profunda bocanada de aire—, yo sé que allá tampoco están permitidas esas cosas, al igual que aquí, y que la gente aún así las hace. Pero hay un "pequeño detalle" que no estás teniendo en cuenta".

—¿Cuál? —preguntó.

—Que a diferencia de Venezuela —le dije— aquí cuando intentas hacer algo que no debes, las fuerzas y cuerpos de seguridad del Estado te lo impiden porque para eso están, y si no, directamente te ponen una multa que ni aún trabajando el resto de tu vida puedes pagar.

—¡Exagerado! —exclamó inmediatamente.

—Bueno... —dije dándole la razón—, lo último sí que es un poco exagerado. Lo que quiero decir es que aquí las multas son muy elevadas. Allá en Venezuela haces lo que quieres porque aun existiendo las prohibiciones no te sancionan cuando las incumples. Y si te sancionan no es como aquí, que te ponen multas por importes astronómicos.

Aferrado a su terquedad, o simplemente por las ganas de llevarme la contraria, dijo a continuación:

—Pues no pagues las multas y asunto resuelto.

—No es tan fácil primo —le dije—. Aquí si no pagas una multa se la pasan a cualquier Banco donde tengas una cuenta y te la cobran por la fuerza. No se trata de que quieras pagarla o no. Tu voluntad no le interesa al Estado.

—¿Y cómo saben ellos dónde tienes tus cuentas bancarias? —preguntó.

—Pues muy fácil... —dije—; se la pasan al Ministerio de Hacienda, que tiene acceso a todas las bases de datos de los Bancos, y ya te jodiste.

El primo no quedó convencido de mis explicaciones. Su mente amoldada a una forma de pensar y de hacer las cosas radicalmente diferente a la española se negaba a darle cabida a esquemas distintos.

—¿Entonces no puedes hacer nada? —preguntó incrédulo.

—No es que no pueda hacer nada primo... —le dije tratando de ser afable en la contestación—, has un esfuerzo por comprender. Aquí se puede hacer todo aquello que no esté prohibido. Y si haces lo que está prohibido tienes que atenerte a las consecuencias, porque es muy difícil escapar a las sanciones. Yo sé que allá en Venezuela no es así.

—Hombre... —dijo— aquí también hay leyes. A ver si te vas a creer que todavía estamos en la época de la conquista y andamos aquí todos de indígenas.

—Primo no seas terco y necio —le sugerí amablemente—. Yo sé que allá también hay leyes. Acuérdate que fue precisamente eso lo que yo estudié en la universidad de allá; Derecho. Pero no puede uno cerrar los ojos a la realidad. Allá hay unos niveles de incumplimiento de las leyes que no existen en España. Y no es que aquí las leyes se cumplan al cien por cien, porque no hay país del mundo donde eso ocurra, sino que los niveles de incumplimiento son muchísimo más bajos aquí que allá. ¿Entiende eso primo?

—Puede ser... —dijo para concluir, muy poco convencido.

Aquella conversación con el primo me recordó algunas cosas que por fuerza tuve que entender y asumir cuando decidí vivir en España. La primera, y quizás la más importante, fue la de que en España no podía hacer lo que me viniera en gana. En España el Estado de Derecho era mucho más rígido, más estricto. Las leyes se cumplían. Y aunque no al cien por cien, como le había comentado a mi primo, sí en niveles mucho más elevados que en mi Venezuela natal. Allá podía dedicarme a decenas de actividades sin registrarme en ninguna parte, sin permisos sanitarios, sin darme de alta en el Ministerio de Hacienda, sin pagar cuotas a la Seguridad Social. Bastaba con que simplemente tuviese ganas de hacer algo, de trabajar en algo. En España no podía hacer nada así.

Si vivías cerca del mar en Venezuela podías ir a pescar o sacar mariscos para tu consumo doméstico, venderlos entre tus vecinos o, incluso, en la orilla de una carretera sin pedirle permiso a nadie y sin consecuencias de ningún tipo. En España, para poder sacar mariscos de las orillas de una playa tendrías que tener un permiso especial limitado a determinadas cantidades, tipos y épocas del año; haberte dado previamente de alta en la Seguridad Social en el régimen de los mariscadores; estar de alta en el Ministerio de Hacienda bajo el epígrafe correspondiente al tipo de actividad económica que ibas a realizar a los fines de la tributación correspondiente; utilizar el instrumental que te permitieran y no otro; etc.

Otro ejemplo que recordaba y en conversaciones me gustaba citar era el que le había comentado a mi primo de los vendedores de aguacate. Allá podías ver en el centro de las ciudades a decenas de personas con inmensos cestos en la cabeza vendiendo aguacates por las esquinas. En España si querías ponerte a vender aguacates no podías hacerlo en la vía pública sin permisos. Tenías que hacerlo en un local especialmente acondicionado para ello con las medidas de higiene exigidas por la ley, es decir, en una frutería, plaza de abastos o supermercado. Si querías vender tus aguacates en un mercadillo, tenías que haberte sacado previamente una licencia en el ayuntamiento del lugar en el que fuese a funcionar, y para dártela te pedían lo mismo que a los mariscadores, es decir, tener el alta en la Seguridad Social y estar al corriente con el pago de las cuotas, y estar de alta en el Ministerio de Hacienda bajo el epígrafe correspondiente a la actividad económica que fueses a realizar. Además, solo podrías utilizar los espacios que te designaran en los días y horarios de funcionamiento del mercadillo, y el mobiliario que te autorizaran utilizar para tus exposiciones y no otro.

Eran formas muy distintas de hacer las cosas dependiendo del lugar en que viviera. No sé si sería mejor o peor en un lugar que en otro. Lo que sí sabía es que era completamente diferente. Formas de vivir y de hacer las cosas muy distintas.

Hasta que quien va de un país a otro no se adapta, lo pasa realmente mal. Tanto como si te tienes que adaptar en España siendo venezolano como lo contrario, es decir, adaptarte a Venezuela siendo español. Hasta que no entiendes que no debes ir contracorriente y sigues pensando (como mi primo) que donde llegas puedes seguir viviendo y actuando como lo hacías donde vivías antes, lo pasas mal, muy mal. Tienes que adaptarte. "Donde fueres, has como vieres" dice un dicho. Y hay otro también que quizás es mejor: "En tierra de lobos tienes que aullar como ellos"

De nada vale cerrar los ojos a tu nueva realidad. Tienes que nadar a favor de la corriente, no en contra. Mientras antes lo aceptes, antes encontrarás la solución de tus problemas. Es igual si te vas a vivir a Japón, a Marruecos, África, Australia o Marte. Tienes que estudiar las reglas del lugar donde fijes tu nueva residencia, asumirlas y aceptarlas. Tú no vas a cambiar la sociedad, sus costumbres y modos y formas de hacer las cosas.

Para cuando tuve aquella singular conversación con mi primo yo ya tenía varios años viviendo en España, por lo que ya había asimilado el cambio. Había observado con detenimiento la forma de hacer las cosas aquí y entendido que no podía pretender hacerlas a mi manera venezolana. Tenía que adaptarme y lo hice. Pero como ocurre a la mayoría, tuve también mis fuertes reticencias.

Estaba convencido que si mi primo hubiese tenido que salir de su país y residenciarse definitivamente en otro distinto, como me pasó a mí, también hubiese tenido que asumir los cambios tarde o temprano. Pero estando allá, sin haber salido nunca, era muy difícil de convencer, por muy escrupulosas y esmeradas que fuesen mis explicaciones.

CAPÍTULO TERCERO

La inútil formación para el trabajo
La opinión de los especialistas en la búsqueda activa de empleo
El marketing personal
Defectos y virtudes. Autoanálisis

> *"Abre tus ojos, mira dentro.*
> *¿Estás satisfecho con la vida que estás viviendo?"*
> *(Bob Marley)*

En las oficinas de empleo españolas asistí a varias entrevistas con especialistas en la búsqueda activa de empleo. Exprimieron todas mis posibilidades laborales por delante, por detrás, de lado, de cabeza, ... y nada. No había trabajo para mí.

Una de las cosas que siempre me decían los técnicos especialistas en la búsqueda de empleo era que tenía que estudiarme muy bien a mí mismo para saber cómo ofrecerme. De aquello dependía la "forma" de presentarme. Debía ser como el enamorado que quiere seducir a su amada; exponer lo mejor de mí para resultar atractivo, apetecible. Y lo hice.

Me autoanalicé detenidamente para conocer cuáles fueran mis potencialidades y cuales mis desventajas como trabajador, como "objeto" que se ofrece a un empresario para ser contratado.

Los trabajadores somos una especie de "objeto" para los empresarios. A la hora de contratarnos nos valoran como lo hacen con las propiedades de una mahonesa o de una salsa de tomate. Esta no es una aseveración despreciativa, sino objetiva. De lo contrario no le meterían la lupa tan intensamente a nuestros currículos para elegir candidato.

Mis condiciones particulares eran un tanto peculiares. Como las de todos, supongo. Cada quien es una individualidad única e irrepetible. Era titulado en Derecho y Docencia Universitaria, pero mis títulos los había obtenido en Venezuela, mi país natal, y no estaban homologados, por lo que no podía ejercer como tal en España.

En los años que llevaba viviendo en España no me había quedado de brazos cruzados. Mientras no encontré trabajo, hice decenas de cursos de formación para el empleo, algunos de los cuales ya he mencionado antes. Las formaciones fueron conformando el currículum que podía mostrar. Quizás, esas fueran las únicas virtudes que un empleador podía ver en mí, aparte de que era un individuo de la especie humana, y que como la mayoría, carecía de deficiencias físicas que me imposibilitaran para realizar labores de cualquier clase.

De mi experiencia laboral podía decir que en Venezuela había trabajado en labores relacionadas con mis formaciones académicas, pero en España había tenido que trabajar en lo que me saliera, es decir, en nada, porque no me salía trabajo de nada.

Probablemente, lo peor que yo tenía fuesen mis defectos, o al menos aquello que yo consideraba como tales.

El primero de ellos, y quizás el mayor de todos, era mi edad. Me estaba haciendo viejo. Había pasado de los cuarenta años de vida en el planeta. Eso hacía de mí un candidato poco apetecible. Aquella era una realidad innegable; mientras más mayorcitos somos, menos nos quiere la gente y menos apetecibles para el mercado laboral.

Otro de mis grandes defectos era mi condición de extranjero, de inmigrante. A pesar de que ya había obtenido la nacionalidad española hacía algunos años, en la mayoría de entrevistas que me hacían, y de solicitudes que firmaba, me exigían que colocara no mi país de nacionalidad actual, sino el de donde nací. No veía la relación, toda vez que legalmente era perfectamente contratable para realizar cualquier tipo de trabajo independientemente de mi procedencia o de mi raza. Resultaba evidente que había allí un punto de discriminación encubierta que siempre se tenía en cuenta, para mi disgusto. Una especie de xenofobia contra la que no podía luchar precisamente por eso; por su condición de oculta.

No era algo que me disgustara ni me sorprendiera especialmente, porque entendía que no había país en el mundo en el que no hubiera discriminación. Mi propio país de nacimiento era un ejemplo de ello. Recordaba, como ejemplo, que allá a los gallegos se les tenía por burros y por brutos. Decir "gallego" era lo mismo que decir "bruto". Eran objeto de toda clase de mofas y chistes malsanos. La gallega familia de mi esposa siempre se presentaba como española. Nunca mencionaban que procediesen de Galicia. Y cuando lo hacían, muy a su pesar, destapaban las cadenas de humillaciones gratuitas en su contra. Algo horrible e incomprensible, pero real.

Obviamente, no todo el mundo es racista y xenófobo, y no se debe generalizar. En todas partes hay de todo un poco, aunque es obvio y evidente que en algunas más que en otras.

Un tercer elemento que jugaba en mi contra era el aspecto físico. Siempre he sido un hombre bastante feo. De esos que comúnmente dicen que no somos "bonitos de enseñar". Por mucho que cualquiera piense que este no es un elemento importante, soy de opinión contraria. Si tienes un atractivo físico importante, belleza de rostro, esbeltez de cuerpo, gracia en los movimientos, cautividad en la mirada o hermosa sonrisa, no es lo mismo que tengas una cara horrorosa, sonrisa que espanta, cuerpo y panza hinchados de lo gordo, dientes deformados y calvicie avanzada, como en mi caso.

Yo soy tan feo que mucha gente piensa cuando me ve riendo que en realidad estoy llorando, y dicen: «¡Ay! ¡Pobre hombre! ¡Mira qué feo llora!»

Como muchos de mis colegas en esto de la fealdad, siempre he tratado de disimular esa grave deficiencia de la naturaleza con la simpatía, pero pocas veces me ha funcionado.

Solo con mirarme ya la gente tiene suficiente. ≪"¡Ay sus...! —es la expresión más común que usan para referirse a mí—; ¡qué hombre tan horroroso!"≫

Y el cuarto defecto grave de que adolecía era precisamente el de mi incapacidad para acreditar experiencias laborales y académicas. Para el mercado de trabajo español yo era poco más que un analfabeto sin experiencia laboral previa de ningún tipo. De nada me valían los años estudiados y trabajados en mi país de origen. En España no me servían. Partía de cero en todo, y aún por encima con desventaja. Era como participar en una competición de fórmula uno con veteranos pilotos al volante en la que yo debía salir el último, y aún por encima con un coche viejo y destartalado. Muy difícil que pudiese llegar a la meta.

CAPÍTULO CUARTO

La moraleja del problema de los nueve puntos
La solución desde "dentro" o desde "fuera"
Las opiniones ajenas como error

"Tanto si crees que puedes como si no,
en ambos casos tienes razón"
(Henry Ford)

Por aquellos días de tribulación y abatimiento en la búsqueda infructuosa de una salida laboral, recordé un viejo ejercicio que uno de mis profesores de la universidad nos puso un día como tarea para resolver en clase.

En una página en blanco debíamos dibujar nueve puntos perfectamente alineados en filas de a tres, tanto en lo vertical como en lo horizontal. Después, teníamos que unirlos todos con cuatro líneas rectas sin levantar el lápiz del papel, es decir, de forma continuada. Después de mucho pensar, nadie lo consiguió. Al final, el profesor nos explicó cómo hacerlo. Colocó los nueve puntos en la pizarra y con un rotulador dibujó las cuatro líneas tal y como él había pedido; sin levantar la mano de la pizarra, de forma continua. La solución consistía en extender la línea fuera del área de puntos para luego regresar con ella y atravesar los restantes.

La moraleja que nos dejó la solución del problema era lo más importante: «Si no encuentras la solución dentro de tu problema; ¡búscala fuera!»

Yo ya había puesto en marcha aquel elemental principio de resolución de problemas varias veces en mi vida. En una de las más importantes, había salido de mi país natal algunos años atrás para venirme a vivir a España con mi esposa. Lo hicimos porque ella padecía de una terrible enfermedad que no tenía tratamiento allá. Una vez que nos dimos cuenta que la solución no estaba dentro de nuestro país, decidimos buscarla fuera. Aquella fue la razón por la que emigramos a España.

Angustiado y desesperado hasta límites intolerables por la falta de empleo, una luz se encendió en mi cerebro para indicarme que no continuara por aquel camino, que no siguiera perdiendo mi tiempo así. La solución, como en el problema planteado por mi profesor, no estaba dentro, sino fuera. No debía obsesionarme buscando algo que simple y llanamente no existía. Porque, efectivamente, aquello había pasado a ser una terrible obsesión para mí; encontrar empleo a como de lugar. Estaba enfrascado con la idea de que en alguna parte tendría que haber empleo para mí. Y no era así. Estaba equivocado. El tiempo y lo infructuoso de mis esfuerzos se habían encargado de demostrármelo. Más de tres años perdidos buscando algo que no existía.

«¿Por qué perdí tanto tiempo?»

«¿Por qué esperé tanto para darme cuenta de que no estaba en el camino correcto?»

Lo que ocurrió fue que a mi obsesión contribuyó casi que todo el mundo. Desde los funcionarios de las oficinas de empleo hasta el más lejano de los familiares o amigos que por entonces se comunicaron conmigo. Todos me daban ánimos para seguir por aquel infructuoso camino.

Frases como estas me las repetían a diario:

«Tranquilo, ya verás que algo te va a salir»

«Ten fe, que tarde o temprano verás como encuentras algo»

«¡Ánimo! ¡No dejes de buscar!»

«¡El que persevera vence! ¡Nunca te des por vencido!»

«Dios es muy grande. Ya verás que ÉL te va a ayudar»

Etc., etc., etc...

En el momento cumbre de mi desesperación, decidí mandarlo todo y a todos a la mierda.

«¡Se acabó esta mierda! ¡Me niego a seguir buscando empleo! Me niego a seguir rogando para que me den un maldito puesto de trabajo. Estoy cansado de humillarme. No vuelvo suplicar, implorar, mendigar...»

Y parece que era precisamente aquello lo que estaba esperando la providencia; mi rendición definitiva.

Al día siguiente me llamaron para darme un puesto de trabajo.

El empleo solo me duró un mes, y fue la última vez en mi vida que trabajé para otro.

CAPÍTULO QUINTO

Ni burro ni esclavo
Lo positivo de lo negativo
Reflexión y meditación
Autotortura y determinación
La decisión

> *"El hombre más poderoso es el que es dueño de sí mismo"*
> *(Séneca)*

Instalado en mi nuevo puesto de trabajo, en muy poco tiempo descubrí que para lo único que me servía era para darme cuenta que yo no era un burro, por mucho que lo pareciera (y no es una ironía).

El trabajo era de ayudante de panadero en una panadería de un pueblo llamado Cambados en la provincia de Pontevedra. Como quiera que la distancia entre mi domicilio y el nuevo lugar de trabajo era bastante grande (más de una hora de viaje por carretera convencional), tuve que alquilar una habitación en el pueblo para quedarme cerca e ir a ver a mi familia solo los domingos; mi único día libre de la semana.

El dueño de la panadería no necesitaba de un trabajador, sino de una bestia. El trabajo consistía en descargar cada semana dos enormes camiones atestados de sacos de harina de veinticinco kilos cada uno. Había que transportarlos a lomo desde la calle hasta el sótano del edificio; dos plantas más abajo. Cada día tenía que subir a la planta de arriba, donde se hacía el pan, entre doce y catorce sacos de harina para su elaboración, porque aquello en realidad no era una panadería, sino una especie de fábrica de pan. Un mayorista del pan.

Aparte de lo de cargar los sacos de harina, cada día tenía que elaborar el pan con otros dos esclavos que también trabajaban allí pero que por ser más antiguos que yo no cargaban con los sacos de harina. El trabajo duro se lo dejaban al más pendejo, al nuevo, es decir a mí.

La hora de entrar a trabajar era las dos y media de la madrugada. A las cinco ya tenían que comenzar a salir las primeras hornadas de pan, pues las furgonetas para el reparto comenzaban a llegar a esa hora. Repartían a otras panaderías pequeñas de la zona, pequeños abastos y supermercados, y también vendían en un despacho propio que había allí mismo.

Se elaboraban distintos tipos de pan. Todo en cantidades industriales. También se hacían varios tipos de bollería (croassant, palmeritas, bollos de leche, magdalenas, etc.)

Al finalizar la jornada de trabajo (sobre las dos o tres de la tarde), debía limpiar todo el material utilizado; desde las amasadoras hasta los hornos, sin olvidarme de fregar el suelo y colocar todos los utensilios de manera que estuviesen perfectamente dispuestos para comenzar la jornada del día siguiente.

Cuando me pagaron el primer mes de sueldo con él me dieron la sorpresita de que no me iban a pagar lo que me habían ofrecido. No me pagarían lo que le correspondía ganar a un trabajador normal, sino lo de un becario, que solo llegaba al 75% del salario mínimo. Me dijeron que mientras estuviese de prueba (tres meses), me debían mantener en aquella condición para no pagar más por mí de cuota de seguridad social.

Aquella fue la gota que colmó el vaso. No era lo que me tenía ofrecido el dueño de la panadería. Me había dicho que me pagaría el "sueldo mínimo". No me imaginé que después fuese a utilizar semejante estratagema tan ruin para pagarme menos de lo que legalmente me correspondía.

«Yo te dije que te iba a pagar el sueldo mínimo —dijo, el muy miserable—, ese es el sueldo mínimo de un becario»

Sin embargo, nada de aquello fue lo peor que me pasó. Ni siquiera la brutalidad del tipo de trabajo, los madrugones, el engaño en el salario, ni los maltratos del jefe y de mis compañeros de trabajo (porque no se medían a la hora de humillarme por mi condición de inmigrante suramericano). Lo peor de todo fue que al sacar las cuentas de lo que tenía que pagar por trabajar allí, quedaba debiendo. Pagaba más por el alquiler de la habitación que lo que me daban de sueldo. Es decir, que si quería seguir trabajando allí tenía que buscar dinero por otra parte para poder mantenerme.

No podía seguir así. No podía seguir pagando por trabajar. Era completamente ilógico y absurdo. De allí que el mismo día que me dieron mi primer sueldo, me despedí de aquella moderna forma de esclavitud a la que voluntariamente me sometí durante un mes completo.

Sin embargo, no todo fue negativo.

El fragor de aquellas brutales jornadas laborales y mi desconcierto absoluto ante semejantes experiencias, activaron en mi cerebro formas de meditación y de reflexión que hasta entonces no había conocido.

El pueblo de Cambados queda justo al frente de la ría de Arousa; una extensa lengua marina que se adentra en la costa gallega. El paisaje era hermoso y espectacular. En la orilla había un inmenso paseo con decenas de bancos, preciosas farolas y árboles ornamentales de distinto tipo.

Cada día, tras finalizar mi jornada de trabajo, me iba a caminar por allí con la barra de pan que a diario me daban para llevarla a casa. Compraba algún embutido o algún queso con que tomarla y hacía así mi única comida del día.

Sentado en alguno de los bancos frente a la ría, cada día dedicaba horas a meditar, a reflexionar. Nunca nadie me interrumpió. Normal que así fuera; nadie me conocía.

En mis deliberaciones conmigo mismo, repasé todo lo que había sido mi historia reciente; cómo había llegado hasta allí; qué estaba haciendo con mi vida; cómo salir de aquello; cómo rescatarme a mí mismo; por qué razón no me estaba valorando lo suficiente; por qué aquella manía de pensar siempre en los demás antes que en mí mismo; qué podía hacer ahora; cuáles eran mis alternativas; etc.

Hasta que no te has visto forzado a enfrentarte con tus pensamientos, a escucharlos, a ponerlos en orden, no sabes lo mucho que puede ayudarte la meditación. Hasta entonces, yo sentía que mi cerebro era una terrible ensalada. Una inmensa autopista caótica en la que cientos de vehículos colapsaban la circulación, chocaban entre ellos, sonaban sus bocinas, creaban el caos. Mi mente era un tremendo festival de la confusión. Una especie de guardería inmensa en la que decenas de niños gritaban, pataleaban, se pegaban, lloraban. Tenía que imponer la paz en todo aquello. Lo logré después de largas jornadas de pensamiento silencioso, de profunda meditación.

Algo adicional y muy curioso ocurrió; me castigué a mí mismo.

En una de aquellas ocasiones que entré en contacto con mi más profundo yo interior, tuve la extraña sensación de salir de mi propio cuerpo y observarme sentado contemplando el paisaje. Entonces comencé a hacerme crueles y enérgicos reproches.

«¿Cómo pudiste llegar a esta situación?»

«No mereces nada, por estúpido»

«Eres un imbécil y un cretino. Solo alguien así podría dejarse esclavizar como tú»

«No te respetas a ti mismo»

«No te quieres a ti mismo»

Decidí declararme entonces en una especie de "estado de emergencia permanente". Una ambulancia que no se detendría hasta llegar a su hospital. Y mi hospital era mi meta. Y mi meta sacarme de allí; rescatarme, liberarme.

Entonces, me dije:

«Hasta que no encuentres la solución de tu problema, ¡no volverás a comer nada!»

Tan elevados eran mis niveles de desesperación (o de locura), que opté por autoflagelarme privándome del placer de la comida. Hasta que no tuviese la certeza de que estaba rescatado, no volvería a comer. Huelga de hambre permanente.

Ocurrió entonces que en mi cerebro se encendieron todas las alarmas, y todos los espíritus de mis antepasados, que siempre me acompañaban, comenzaron a volverse locos también. Los ardores estomacales de cada día, acompañados de extrañísimos y singulares sentimientos de lástima y autocompasión, se encargaban de recordarme la urgente necesidad de encontrar rápido una salida, una solución.

Decenas de pensamientos angustiosos vinieron a martirizarme. Ni siquiera tuve paz por las noches, ya que cuando dormía las pesadillas venían a atormentarme.

En uno de aquellos tantos sueños horribles que tuve, me vi corriendo por las calles de una gran ciudad, desesperado, huyendo de algo o de alguien sin saber de qué o de quién. Al llegar a una esquina en la que se cruzaban cuatro calles diferentes, me encontré con una enorme negra con un vestido de colores muy vivos, un gigantesco y descomunal culo, y un inmenso cesto en la cabeza lleno de aguacates. Cuando traté de ponerme detrás suyo para esconderme de lo que fuera que me viniese persiguiendo, volteó a mirarme como en cámara lenta. Para mi sorpresa y horror encontré que era mi primo Genovevo. Tenía la cara como un demonio. Con una voz ronca y muy sonora me gritó: «El que quiere trabajar, trabaja. El que no, es un vago»

Pero nada de aquello me hizo cejar en mi disposición. Fui enérgico y firme. No probé bocado hasta que no vi los primeros indicios de luz al final de mi túnel.

Y el asunto funcionó.

En pocos días tomé las decisiones más radicales y definitivas de mi vida. La más importante de ellas fue la de no volver a ser jamás el esclavo de nadie.

Pensé:

«Mi madre no parió un burro ni otro animal semejante, sino UN SER HUMANO»

«¡¡¡SOY UN PUTO SER HUMANO!!!»

«¡Nunca más seré esclavizado por nadie! ¡Lo juro por todos mis muertos!»

Otra de mis decisiones fue la de no volver a castigarme nunca más por mis errores. Estaba bien eso de pasarse un momento al lado de la locura y la irracionalidad, pero nunca tanto como había hecho yo. En una de aquellas me dio un tremendo bajón de azúcar y caí desmayado de patas arriba en plena vía pública. Cuando desperté, estaba rodeado de gente echándome aire con abanicos en la cara, haciéndome compresiones en el pecho y soplándome la nariz.

«Ya te dije que no era un infarto»—oí que le decía uno al que me presionaba las costillas, cuando me vio despertar.

CAPÍTULO SEXTO

Los tipos de trabajadores
Objetivos, soluciones y programación
Problemática de la idea
Los modelos ajenos

> *"Elige un trabajo que te guste*
> *y no tendrás que trabajar*
> *ni un día de tu vida"*
> *(Confucio)*

Comencé a prepararme para alcanzar mis objetivos.

Pensé algo obvio y evidente:

«En el mundo hay dos clases de trabajadores; los que trabajan para otro u otros y los que lo hacen para sí mismos».

No descubrí el agua tibia con ello, como se suele decir. Era una de aquellas cosas que todo el mundo sabía por su simpleza elemental. Sin embargo, no sé por qué; aquel fue el centro más importante de mis reflexiones; la división entre quienes trabajan para sí mismos y los que no, el lugar que cada cual ocupa en una balanza imaginaria.

Medité sobre las miles y miles de personas que en el mundo trabajaban para sí mismas, que eran sus propios jefes, que no rendían cuentas a nadie más que a sí mismos, que tenían sus propios negocios, sus propias fuentes de ingresos, sus propias empresas. Y me pregunté: «¿Por qué no puedo yo ser uno de ellos?»

No eran extraterrestres. Eran seres humanos como cualquier otro. Personas que en un momento dado decidieron colocarse en el otro lado de la balanza. Yo no era menos que nadie. Si otros lo habían logrado, también yo podría hacerlo. Así como llegué a conseguir tantas y tantas cosas en mi vida, también podría lograr tener mi propia empresa, mi propio negocio. Una sola cosa no entendía después de tantas reflexiones:

«¿Por qué no lo pensé antes?»

Sabía que tendría que hacer muchísimas cosas para alcanzar mis objetivos. No bastaría solo con proponérmelo. Estaba obligado a hacerlo, a triunfar en aquel nuevo camino. No podía darme el lujo de adentrarme en él solo para experimentar.

Es bien sabido que la mayor parte de los trabajadores del mundo lo hacen para otro. Son muy pocos los dueños de negocios, de empresas. Solo un pequeño porcentaje de la población mundial corresponde a los empresarios, el resto a quienes trabajan para ellos. De allí que pensé que no debía ser nada fácil ocupar el otro lado de la báscula, porque si no, los porcentajes no estarían tan desequilibrados.

Y puesto a emprender aquellos nuevos caminos, comenzaron a surgirme interrogantes de todo lo que tenía que hacer, los pasos a seguir.

Habiéndome hecho con la decisión firme e irrevocable de crear mi propio puesto de trabajo, el primer paso que di para lograrlo fue, quizás, el más difícil; la creación de la idea.

«¿Qué tipo de negocio iba a montar?»

«¿A qué me podía dedicar?»

Debía resolver primero las interrogantes sobre lo que iba a hacer, para después meterle la cabeza a cómo debía hacerlo. Separé en mi mente el "qué" del "cómo". Y hasta que no tuve resuelto el primero, no medité sobre el segundo.

«¿Qué puedo hacer?»

Entendía que sólo tenía dos alternativas;

1) Crear una empresa, o

2) Realizar algún tipo de actividad por cuenta propia que no fuese necesariamente una empresa.

Crear una empresa significaba darle vida a un nuevo ser distinto a mí, con sus propios derechos y obligaciones, su nombre, su sede, sus estatutos, sus socios, etc., mientras que realizar alguna actividad por cuenta propia implicaba seguir respondiendo por mí mismo sin darle vida a nadie más.

En ambos casos, necesitaría meditar profundamente sobre la cuestión trascendental de la idea.

Ocurrió algo extraordinario; mientras más investigué, más me confundí. Averigüé que había cientos de miles de cosas a las que podría dedicarme. El problema estaba en saber si yo servía para alguna de ellas, y si era así, para cuál, o para cuáles. Y no solo eso, porque puede uno servir para miles de actividades, lo importante era dar con una que tuviese la virtud de generarme suficientes recursos económicos para salir adelante. No podía darme el lujo de experimentar para perder. Tenía que tener la certeza absoluta de que aquello iba a funcionar.

Pensé:

«No voy a montar un negocio para dar pérdidas, lo tengo clarísimo. Si me dedico a una actividad por cuenta propia tendrá que ser algo que me genere ganancias desde el primer día. No cualquier tipo de ganancias, sino unas que sean capaces de cubrir mis gastos y darme beneficios para mantener a mi familia y salir adelante»

¿Cuál era esa actividad? He allí el Santo Grial.

La generación de una idea sometida a tales presupuestos de rentabilidad e infalibilidad, es una de las cosas más difíciles con que me he topado en mi vida. Crear algo nuevo no es nada fácil.

Después de mucho meditar sobre el asunto sin dar con la solución, se me ocurrió que quizás sería mejor copiarme de lo que otros hacían y les servía. Era obvio que no todo lo que servía a otros valdría para mí, pero algo tendría que haber, estaba convencido.

Cuando inventas algo que tiene mucho éxito todos tratan de copiarte. Allí está el caso de Mark Zuckerberg, el creador de facebook, que se hizo multimillonario de la noche a la mañana. Aunque para hablar de ejemplo de ideas exitosas quizás lo mejor sea hablar de la Coca-Cola, el refresco más vendido en el mundo. Todos han tratado de imitarlo, pero ninguno lo ha conseguido.

Otro buen ejemplo es el de Mac Donald, la cadena de hamburguesas. Dos hermanos decidieron montar un kiosko de perros calientes que poco después se convirtió en un pequeño restaurant en el que se vendían unos veinte artículos, sobre todo a la barbacoa. Se dieron cuenta que lo que más se vendía eran las hamburguesas, los batidos y las patatas fritas, por lo que decidieron eliminar todo lo demás. Crearon un sistema de servicio rápido en el que se hacía una especie de montaje en serie de las hamburguesas, y en muy poco tiempo tuvieron un éxito brutal, extremo. Poco después decidieron crear franquicias de su negocio y a partir de allí comenzaron a multiplicarse por todos los Estados Unidos, y poco después por el resto del Mundo. Hay muy pocos países en el planeta en donde hoy en día no esté presente Mac Donald.

No hay necesidad de ir al mercado de productos de consumo para encontrar modelos exitosos que han reportado enormes ganancias a sus creadores. Pensemos por un momento en temas musicales famosos como "La Macarena" de los Del Río, o en las canciones de los Beatles.

Si pensamos, por citar un ejemplo de otro campo, en literatura de gran consumo, no puede uno dejar de recordar el caso de Harry Potter. Un libro que contiene un inmenso océano de creatividad. Quizás se deba precisamente a eso lo enorme de su éxito. Decenas de escritores en el mundo han tratado de emularlo.

CAPÍTULO SÉPTIMO

Iniciativa fallida
Las interrogantes y las respuestas
El caso de mi hermano Gustavo

*"Da tu primer paso con fe,
no es necesario que veas
toda la escalera completa,
sólo da tu primer paso"*
(Martin Luther King)

Llegado a este punto de mis reflexiones, pensé:

«¿A qué tipo de actividad exitosa podía dedicarme yo, conocida o por conocer?»

Supuse que quizás la solución tendría que partir de la respuesta a una sencilla pregunta:

«¿Para qué servía yo? ¿Qué me gustaba hacer a mí?»

En un primer momento creí necesario que mi futuro negocio o actividad económica tuviese que ser, por fuerza, algo que me gustara. No solo algo que fuese capaz de hacer, sino que tuviese la característica de identificarse con mi personalidad. Y lo creí porque así lo había leído varias veces en algunas de las muchas fuentes que consulté. Parecía que aquello era imperioso, imprescindible.

«¿Qué actividad podría ser esa?» —pensé.

En no dando con lo que podría hacer, decidí optar por el análisis en contrario, es decir, por el descarte; no pensar en "qué sí", sino en "qué no".

Descarte decenas de opciones. Por citar algunos ejemplos, estaba convencido que no serviría de peluquero, aún formándome haciendo cursos de peluquería. Tampoco me veía de carpintero, pintor, albañil o escayolista, o portero de discoteca. Aunque pudiese formarme en tales oficios, no eran actividades en las que me sintiese a gusto.

He aquí entonces que me hice otras preguntas fundamentales:

«¿Qué me gusta hacer a mí? ¿Realizando qué tipo de actividad estaré contento?»

Cuando me formulé aquellas interrogantes, de manera automática vino a mi mente una respuesta fugaz:

«Cualquiera que sea capaz de generar bastante dinero»

Pero fue solo un flash.

Continué meditando sugestionado por lo que había consultado al respecto, es decir, buscando algo que se vinculase estrechamente con mis gustos.

Entonces, me pregunté:

«¿Qué me gusta hacer a mí de manera especial?»

Por gustarme, o atraerme particularmente, pensé que todo lo relacionado con cocina llamaba mi atención. Más que eso; me encantaba. Y no era malo en lo que hacía. Gozaba de cierta fama entre mis amigos y familiares por ello. Cada vez que me tocaba cocinar, todos los celebraban. Y en las reuniones familiares o de amigos siempre decían que les preparara alguno de mis platos, o cuando menos una tapa, algo de picar. Quizás, tuviese eso que algunos llaman "don natural" para la cocina.

Una vez que identifiqué lo que más me gustaba hacer, pasé al siguiente paso. Comencé a investigar sobre posibilidades de montar un pequeño restaurant, una cafetería, un catering o algún otro tipo de negocio similar.

Hice un pequeño estudio de mercado para sondear las posibilidades. Observé con atención cuánta competencia había y qué tan buena era. Estudié el segmento de la población a que estarían destinados mis futuros servicios; sus hábitos de consumo. El tema de los hábitos de consumo tenía una importancia vital para mí. Tenía que saber qué le gustaba comer a la gente; en qué tipo de alimentos se gastaban más el dinero en los bares y restaurantes. Era algo que me preocupaba en cierta forma por una experiencia que había tenido en la ciudad gallega de Vigo, cercana a donde vivía. Uno de aquellos días que andaba por allí entré a una cafetería que se anunciaba a modo de "arepera"; las típicas areperas venezolanas. Una vez dentro, no vi las arepas por ningún lado. Consultando al encargado me dijo que lo que había iniciado como una arepera tuvo que cambiarlo poco después a una cafetería tradicional gallega, toda vez que no vendía casi nada y estaba a punto de quiebra. Cuando empezó a vender bocadillos de jamón serrano, chorizo y calamar, tapas de pulpo a la gallega y tortilla española, el negocio remontó y se recuperó. Una arepera ubicada en el centro de Caracas podía ser un negocio fabuloso, pero en el centro de Vigo estaba destinada a la quiebra.

Recordé también que algo similar le ocurrió a un argentino que conocí poco después en la ciudad pontevedresa de Tuy. Montó un enorme negocio de parrilla argentina y pollo asado. Al cabo de pocos meses tuvo que cambiarlo por un restaurant de comida tradicional gallega por las mismas razones que el de la arepera. Los hábitos de consumo de la clientela no eran los mismos que en los de sus países de origen.

Adicionalmente, tenía que pensar también en dónde colocar la actividad. Tendría que tener un local con buena ubicación, y de no ser así, diseñar un conjunto de estrategias propagandísticas y promocionales para dar a conocer mi negocio. Hay un principio básico en el mundo de los negocios; "lo que no se exhibe, no se vende". Por eso es que hay tanta publicidad, porque vende. Si no fuese así, no sería tan utilizada. Las grandes marcas, tiendas y supermercados no invertirían tantísimos recursos en propaganda si con ello no obtuviesen resultados palpables, tangibles.

Si lograba hacerme con un local perfectamente ubicado, la clientela comenzaría a venir sola. Pero, si encontraba un lugar en el que muy pocos se percatasen de mi ubicación, tendría que hacer una campaña publicitaria para darme a conocer, y no solo eso, sino para mantener a los clientes visitándome. De nada valdría que un cliente fuese a tomar algo a mi local si luego decidía no volver. Ya fuese por el trato o por los productos que ofrecía, tendría que enamorarlos (dicho en el buen sentido de la palabra) para hacerlos regresar.

Tendría que tener en cuenta que mientras no hiciese la clientela posiblemente estaría dando pérdidas. Esas pérdidas de los primeros meses tendría que considerarlas parte en la inversión. Los clientes no iban a abarrotar mi negocio desde el primer día, a menos que llevara a un jugador de futbol del Real Madrid o a una estrella famosa a la inauguración, por ejemplo.

Tendría que dotar al local destinado a mi negocio de todo el mobiliario que requería la actividad, tanto en cocinas, como en la barra, sala, baños, etc. Es decir, que tendría que comprar sillas, mesas, cocinas, hornos, cafeteras, planchas, manteles, vasos, tazas, platos, cubiertos, etc.

Tendría que solicitar la documentación necesaria para iniciar la actividad en las distintas oficinas de la administración pública competentes en la materia, es decir, los permisos de apertura, las licencias de funcionamiento, las inspecciones sanitarias, policiales, de bomberos, etc.

Tendría que darme de alta en la Seguridad Social como autónomo y en el Ministerio de Hacienda como comerciante bajo el epígrafe correspondiente a los efectos del modo de tributación que me correspondiese para pagar los impuestos. De estos menesteres me preocupaba menos porque de ellos se suelen encargar las gestorías. Prefería centrarme en el resto de cuestiones.

En ocasiones sentía miedo, no lo niego, y en otras, terror. Solo imaginar que aquella especie de aventura empeoraría mi situación, y por ende, la de mi pequeña familia, hacía que se me pusiesen los pelos de punta. Me daba fuerzas pensar que estaba haciendo lo correcto, pero lo que más me ayudaba a seguir con mi proyecto era pensar en lo que había pasado, en todo lo vivido, en las horas de esclavo.

Eran muchas cosas a las que debía dar solución. Tenía que pensar detenidamente en todas ellas y darles respuesta favorable. Era mi primera experiencia empresarial. No quería precipitarme, dejarme llevar por la emoción de principiante. Suele ocurrir que cuando se hace las cosas sin pensar es cuando se cometen los mayores errores. Aunque yo sentía la premura y la presión de mis necesidades familiares aplastarme sin piedad, trataba de mantener la mente fría para no empeorar mi vida. De allí que dediqué muchas horas, mucho tiempo a reflexionar sobre lo que estaba haciendo, o al menos, sobre lo que pensaba hacer.

Por aquellos días me vino a la memoria el recuerdo de mi hermano Gustavo. Poco después de salir del ejército, cansado de buscar trabajo, un buen día llegó a casa excitado, alegre y eufórico diciendo que había encontrado un negocio "fabuloso". Iba a comprar un local de los denominados "kioscos" para vender refrescos y golosinas frente a un hospital. Se trataba de una pequeña caseta de metal sin agua ni luz corriente. Había retirado todos sus ahorros del Banco, y quería darme la noticia antes de entregarle el dinero a la supuesta dueña del kiosco. Le hice algunas preguntas que lo pusieron a pensar.

«¿Van a firmar documentos por el traspaso de ese local? ¿Estás seguro que ese local es de esa persona que te lo está vendiendo? ¿Tiene la documentación en regla? ¿Cómo harás para ir al baño si no tiene agua ni luz? ¿Ya sabes cuánto producirás al mes con esa actividad? ¿Tienes el dinero aparte para la inversión en la mercancía que vas a vender allí?»

No quería quitarle la ilusión a mi hermano, sino que antes de lanzarse por el precipicio, al menos se detuviese un momento a mirar dónde iba a caer. Pero él no quiso escucharme. Era de los que se lanzan por abismos sin mirar abajo. Le entregó el dinero a la persona que le vendía el kiosco y recibió de ella solamente las llaves de dos candados que ponía en la puerta para cerrar, y la promesa de que pronto le entregaría la documentación respectiva.

Dos semanas después, la policía ordenó el cierre del local por falta de permisos sanitarios, y pocos días más adelante el ayuntamiento lo hizo demoler. Mi hermano nunca volvió a saber qué fue de la vida de la vendedora. Perdió todo su dinero.

Con el tiempo me enteré que no solo me había consultado a mí, sino también a varios amigos y familiares más. Todos le dijeron que no se lo pensara dos veces, que si eso era lo que quería hacer, no se dejase influenciar por mis "ideas negativas". Que posiblemente yo lo que tuviese fuera alguna especie de "envidia" de que él iba a tener su propio negocio y yo no. Le invadieron la cabeza con decenas de ideas grandilocuentes de esas que usan los mequetrefes que piensan que el mundo es color de rosas. Lo empujaron hacia el abismo.

Y no; el mundo no es color de rosas. Antes de dar un paso semejante, que requiere inversión económica, mucho esfuerzo y trabajo, hay que meditar muy bien. Estudiar con detenimiento todos los pro y los contra. No se debe dejar llevar uno por la emoción, por muy fuerte que ella sea, porque puede ocurrirle como a mi hermano; que fracase estrepitosamente.

Hay que colocar en una balanza todos los elementos, y después, ver hacia qué lado se inclina con más fuerza; hacia el positivo o hacia el negativo.

En esto tiene una inmensa trascendencia la forma de ser de cada quien. Si se tiene una personalidad más o menos influenciable. Hay muchos que no toman una decisión sin consultarlo antes con todo el mundo. Hay también quienes solo adoptan una determinación si una persona o grupo de personas concretos lo aprueba (su pareja, sus padres, hijos, hermanos, amigos íntimos, etc.). Atribuyen más valor a las opiniones ajenas que a las propias.

Desde luego que esto no siempre está mal. No sería incorrecto tomar en cuenta la opinión de un experto para ilustrarse mejor. Si vas a construir una casa, es lógico que consultes a ingenieros o arquitectos, y si vas a prepararte una hamburguesa no estaría mal que vieses cómo la prepara algún cocinero si no sabes hacerla.

Sin embargo, esto no es lo mismo a la hora de emprender una actividad económica. Lo que le sirve a algunos no tiene porqué servir forzosamente a los demás. Los factores y variables de cada quien son infinitamente distintos para cada persona y lugar. Podríamos decir, por ejemplo, que no es lo mismo emprender una actividad en un país árabe que en uno de América Latina o de Europa.

CAPÍTULO OCTAVO

Los "sabelotodo" y los "puedelotodo"
Los fabricantes de idiotas
La literatura basura

> *"Un hombre con una nueva idea es*
> *un loco hasta que ésta triunfa"*
> *(Mark Twain)*

Los humanos tenemos un problema gordísimo; el de los "sabelotodo". Un grupo de individuos de nuestra especie que mantiene la firme creencia de que todo lo conocen, que solo sus sabias opiniones son las que cuentan y que lo que dice el resto del mundo está mal. Se dedican a idiotizar a otros haciéndoles creer que solo ellos conocen la verdad de las cosas, y que ir contra sus infalibles criterios es atentar contra la lógica y la razón. Es decir, que si opinas diferente es porque eres subnormal, imbécil, mentecato o alguna de sus formas semejantes.

Este problema es particularmente grave en el mundo de la economía y en el de las conductas humanas.

Cualquiera con un cursillo de economía quiere decir al mundo para donde debe girar, y por desgracia, sus recetas, en la mayoría de los casos, resultan fallidas. Luego se hacen expertos en decir por qué se equivocaron, y los subnormales que les siguen aplauden sus veredictos.

Algo similar ocurre con los que se dedican al estudio no profesional de las conductas humanas.

Los más famosos son unos que ahora se denominan "Coaching". Una especie de "iluminados", expertos en decir a los demás dónde están tus errores de conducta y cómo corregirlos. Explican en detalle cómo comportarse, qué metas trazarse y seguir, cómo pensar, y hasta en algunos casos, cómo expulsar heces por la vía rectal.

Pero es que todavía hay algunos que son infinitamente peores que estos; los "puedelotodo". Otra subespecie del género humano que asevera con rotundidad que todo es posible, que todo lo que te propongas lo puedes alcanzar ¡Nada es imposible!

Algunos de estos "puedelotodo" han creado métodos increíbles e insólitos para sembrar sus ideas. Uno de los más bárbaros que he conocido es el que contiene un libro llamado "El Secreto". Asevera que la autosugestión funciona. Explica que todo lo que uno desea lo puede conseguir simplemente pensando en ello y deseándolo con fuerza; autosugestionándose. Pero no lo exponen de esa manera tan clara y sencilla, sino de otra forma mucho más estratégica y convincente.

Dicen que lo que ocurre es que todo lo que le pides al universo, este te lo concede. Que basta con que pienses mucho y constantemente en aquello que deseas fervientemente para que el universo te lo devuelva en forma de materia. Que cuando deseas algo intensamente el universo "conspira" para que puedas lograrlo, una hipótesis que ya leí en otra ocasión en el libro "El Alquimista" del escritor brasileño Paulo Cohelo.

Explica que con tus pensamientos lo que haces es activar esas fuerzas ocultas del universo para ponerlas a trabajar a tu servicio, en consecuencia, lo único que tienes que hacer es pensar, pensar y pensar. Nada más. El resto lo hará el universo.

Durante algún tiempo, como muchos, me comí este cuento yo también, porque tengo la desgracia de no ser menos estúpido que la mayoría de los de mi especie. Y al igual que la mayoría, me llené de frustraciones.

Llegué a la conclusión de que el libro no es más que una fábrica de frustración. Cuando a pesar del transcurrir del tiempo ves que lo que te dicen es una gran mentira, todas tus expectativas y deseos se devuelven a ti en forma de frustración. Y quedas infinitamente peor que antes.

En lugar de haber dedicado tu tiempo a trabajar por lo que quieres, lo perdiste pensando gilipolleces.

La publicación del libro "El Secreto" fue acompañada de una especie de documental explicativo, tanto o más convincente que el propio libro. Distintos autores de autoayuda explicaban cómo a ellos les habían funcionado tales técnicas.

Uno de los que más me sorprendió cuando lo vi, explicaba que cada vez que salía con su coche y quería encontrar sitio donde aparcar, simplemente lo visualizaba con su mente y en pocos momentos aparecía. ¿Se puede concebir semejante estupidez?

Otro, el autor de un betseller de autoayuda titulado "Sopa de Pollo para el Alma" decía que para comenzar a recibir dinero simplemente se dedicó a visualizar el buzón de correos de su casa con jugosos cheques de miles de dólares. Al cabo de muy poco tiempo, los cheques comenzaron a aparecer. Lo que no expone, el muy espabilado, es todo lo que tuvo que hacer, las decenas de estrategias y sacrificios que debió realizar para dar a conocer su libro y que fuese un éxito comercial, y que, como consecuencia de ellos, los cheques comenzaran a llegar a su buzón. No por sus pensamientos, sino por sus acciones.

El libro "El Secreto" no solo fue (y a día de hoy sigue siendo) una fábrica perfecta de mentecatos, sino que también estimuló a muchos autores de temas de autoayuda a desarrollar sus principios absurdos y desquiciadas teorías.

Así, me encontré con libros de títulos tan bárbaros como uno llamado "Piense y hágase rico". Hay otro muy famoso también que propone un método científico e infalible para hacerse rico; "La ciencia de hacerse rico". Y eso solo por nombrar algunos. Basta con averiguar un poco para darse cuenta de lo que digo.

Todos los textos de autoayuda para emprendedores que cayeron en mis manos los leí con enorme interés sin despreciarlos, pero en ninguno hallé mayores diferencias conceptuales. Todos siguen líneas similares.

Explican cómo todo lo que quieres lo puedes lograr; que no existen los imposibles; que lo importante es tu pensamiento y no tus acciones; que la fe mueve montañas; que te pongas a pensar en lo que quieres y te acuestes a dormir porque el universo se encargará de conseguírtelo; etc.

Cómo yo no estaba por entonces (ni aún hoy lo sigo estando) dispuesto a creer en pajaritos preñados, aparqué a un lado esas teorías y me dediqué a realizar análisis más objetivos para montar lo que quería; un pequeño restaurant, la cafetería o el catering.

Estudié con mucho detenimiento todas y cada una de las posibilidades que tenía. Hice un exhaustivo y minucioso balance de los pro y los contra, las ventajas y las desventajas Y después de mucho analizar y deliberar conmigo mismo, llegué finalmente a la convicción definitiva de que por el momento no era factible.

Las razones eran múltiples. Los precios por el alquiler de locales comerciales eran astronómicos. La competencia era salvaje (había una o dos cafeterías en cada esquina). La inversión que se requería era tremendamente cuantiosa, y yo no contaba con ella. Y había un escollo sustancial que de ninguna manera podría superar porque no dependía de mí; el ayuntamiento no estaba dando nuevas licencias de apertura para aquel tipo de actividad. El pueblo estaba saturado de ellos.

Es cierto que podía buscar en otra parte (en otra ciudad u otro pueblo), o quedarme con la idea de desarrollar el catering, que no necesitaba específicamente un local de funcionamiento porque es un negocio que atiende a domicilio, pero no quise seguir con esa línea. Creí que debía pensar en algo diferente.

No pude dejar de observar en aquellos primeros estudios algo que llamó poderosamente mi atención; que aparentemente ya todo estaba hecho, todas las actividades ocupadas, no había posibilidades de hacer nada.

Por donde quiera que metiera mis narices, veía que todo estaba copado. No podía montar una cafetería o un pequeño restaurant porque ya había decenas de ellos. No podía poner una pequeña panadería porque el mercado estaba inundado de pan, las panaderías que había lo abastecían todo, incluso el reparto puerta a puerta. No podía poner un supermercado porque aparte de haber unos cuántos en el pueblo, grandes y pequeños, los más grandes se comían a los pequeños con sus ofertas insuperables. No podía poner una tienda de ropa, juguetes, video juegos o de calzado por lo mismo que los supermercados. No podía, no podía y no podía...

Ocurría lo mismo que le pasaba a los nuevos inventores; no podían inventar nada porque ya todo estaba inventado.

La competencia entre comerciantes de distinto sino era brutal y evidente. Todos luchaban por sobrevivir. Y aún así, todos trabajaban, producían y se mantenían. Lo que tenía que hacer yo era observar con detenimiento hasta dar con el nicho en que pudiese encajar. Pero no lo encontraba.

CAPÍTULO NOVENO

Cambio de idea, cambio de pensamiento
El dinero NO es el problema

"No he fracasado, he encontrado 10.000 maneras en las que esto no funciona"
(Thomas Edison)

Llegado a este punto del viaje hacia mi liberación, pensé que quizás me estaba equivocando en mis planteamientos mentales.

Probablemente, no debía buscar con tanta asiduidad dedicarme a algo que me gustara, que se identificara conmigo, con mis gustos, aunque fuese lo ideal.

Quizás, lo que debía hacer era centrarme en buscar algo que pudiese explotar y que fuese capaz de generarme riquezas sin que necesariamente estuviese relacionado con mis gustos y preferencias. Es decir, que debía meditar sobre la actividad sin vincularla directamente a mí mismo.

Es evidente que lo ideal hubiese sido dedicarme a algo relacionado a mis gustos, pero no encontrándolo, quizás no debería descartar estudiar otras posibilidades. Porque... ¿cuál era mi objetivo final?. De lo que se trataba era de encontrar una actividad capaz de producir riquezas suficientes para mantenerme a mí y a mi familia. Aquel era el verdadero quid de la cuestión.

Con tales ideas en mente, me propuse realizar nuevas reflexiones.

En el primer intento de asomarme al mundo empresarial me llevé una pequeña sorpresa. Todo el mundo me decía que sin dinero no podría hacer nada. Y parecía evidente que así fuese. Sin embargo, cuando hablé con el director de uno de los Bancos a que acudí en busca de orientación financiera para mis nuevos proyectos, me dijo algo que nunca he podido olvidar: «Tu problema NO es el dinero»

«¿Cómo que mi problema no es el dinero? —pensé inmediatamente—, este hombre debe estar loco»

Oír decir a alguien, y encima director de un Banco, que mi problema no era el dinero, era como para morirse de la risa en su cara. Cada vez que escuché decir a alguien la insólita y ridícula expresión de que el dinero no daba la felicidad, me provocó darle de bofetadas en el cielo de la boca, o pegarle con una de esas palas que usan los trabajadores de la construcción para palear la arena. El dinero no da la felicidad, el dinero ES la felicidad. Es la llave que abre todas las puertas, que resuelve todos los problemas. Cualquier cosa que no se pueda resolver con dinero es porque no es un problema. Esto es así de sencillo. La muerte, por ejemplo, no puede evitarse con dinero, en consecuencia, la muerte NO es un problema. Mi extremada falta de atractivo físico es un problema, en consecuencia, puede resolverse con dinero. Cuando tienes dinero todo el mundo te ama, algunos con razón y otros sin ella, pero eso a quién le importa. Si no tienes nada de dinero es muy difícil que nadie que no sean tus familiares más cercanos sienta algo por ti distinto al asco y la repulsión. Y esto es así porque así somos los humanos.

—¿Cómo que mi problema no es el dinero? —le pregunté a aquel chiflado—, intenta explicarte lo mejor que puedas, porque la verdad es que no soy capaz de entenderte. ¿Cómo voy a montar un negocio sin dinero? ¿Eres consciente de la barbaridad que estás diciendo?

«Este tío es tonto» —pensé.

—No te ofusques hombre —dijo—. Es muy sencillo... No necesitas dinero para crear más dinero. Lo que necesitas es una idea. La respuesta a la pregunta de qué es lo que quieres hacer. Si tienes una buena idea de negocio y la acompañas de un buen proyecto, cualquier Banco o Entidad de Crédito te va a financiar. Te darán lo que les pidas. Incluso podrás encontrar particulares dispuestos a arriesgar su capital para apoyarte. Despreocúpate ahora por el dinero porque ese no es tu problema. Preocúpate por la idea. Ya verás como el dinero te llegará solo después.

La verdad es que no me dijo nada que ya no supiera, o que, por lo menos, sospechara. Pero sus planteamientos sobre la idea y el financiamiento, sobre que el dinero NO ERA EL PROBLEMA, quedaron impresos en mi cerebro. Sus palabras se mantuvieron resonando como ecos en mi mente durante mucho tiempo, y aún hoy, quince años después de aquella entrevista, las tengo presentes y siempre las evoco.

«El dinero NO es el problema. El problema es LA IDEA»

Una vez que tuve claro el enfoque de cual SÍ era mi problema, y cual NO lo era, me dedique a trabajar en la solución.

Me apliqué con todo mi empeño a generar la bendita idea. Ese era el problema y yo tenía que solucionarlo. Hice uso de todos mis recursos, de todos mis medios, de todas mis potencialidades mentales conocidas.

Ocurrió algo extraordinario. Después de muchos días de reventarme el coco intentando parir la nueva idea de negocio, me di por vencido.

«Cuando no puedes, no puedes. Esto es así de sencillo» —pensé.

«¿Para qué nos vamos a engañar?»

Concluí que en aquel momento mi cerebro no era capaz de producir la tan ansiada idea de negocio, por lo que desistí y comencé a buscar ayuda fuera de mí.

Me metí a navegar por internet en todas las páginas que trataban el tema de la generación de una buena idea de negocio y tampoco así obtuve resultados aprovechables. Había decenas de páginas dedicadas al tema, pero ninguna que profundizara lo suficiente.

Hablaban del asunto de manera superficial, con cuatro o cinco párrafos en los que me sugerían que me pusiese a pensar en algo, que buscase algo que se ajustara a mi personalidad, a mi forma de ser, y poco más. Nada sustancial.

Me topé con cientos de informaciones para emprendedores en las que explicaban en detalle todo el proceso que había que seguir para crear una empresa partiendo de la idea. Aquello era secundario para mí. Por entonces lo que quería era la idea, no la forma de ejecutarla. Mientras no tuviese la idea no podía pasar al siguiente paso.

Decidí explorar en la bibliografía dedicada a los emprendedores. Encontré, como en ninguna otra área de la literatura, montañas y montañas de basura. Gente que sin la menor noción de lo que hablaba, tenían publicados verdaderos y auténticos océanos de planteamientos absurdos, descabellados. La mayoría de las veces anodinos, insubstanciales.

Sin embargo, hurgando entre tanto libro insípido, encontré textos que me ayudaron a reflexionar en lo que realmente buscaba; mi idea de negocio. Dicen que quien busca encuentra. Al parecer, eso fue lo que me ocurrió.

Uno de aquellos libros cuya lectura me ayudó, se titulaba "El hombre más rico de Babilonia". Un texto escrito en forma de novela en el que los protagonistas participan en debates sobre las formas de realizar negocios, los principios fundamentales de la actividades mercantiles, etc. Lo que más llamó mi atención, y con la idea principal que me quedé, fue una según la cual no es rico un hombre por el capital que tiene, sino por su capacidad de mantener siempre llena su bolsa (así le llaman en el libro a la cartera). Es decir, que no eres rico porque tengas diez casas o catorce coches, sino porque tengas unas fuentes que permanentemente estén llenando tu cartera de dinero. Ese es el verdadero secreto de la riqueza; la fuente, el manantial. Que puedas gastar lo que quieras porque tu cartera nunca estará vacía. Siempre la fuente volverá a reponer lo que gastaste.

Otra de las ideas con que me quedé, y no de menor importancia que la anterior, fue con la de que la esencia verdadera y única de todos los negocios es el comercio; comprar y vender objetos.

Puesto a observar a mi alrededor, me di cuenta de que efectivamente todo giraba en torno al comercio, a la venta de artículos. Zapaterías, panaderías, supermercados, pescaderías, tiendas de ropa, Bancos, farmacias, relojerías, coleccionistas, cines, restaurantes, ferreterías, teatros, aseguradoras, etc. Todos vendían algún producto.

Entonces, me pregunté:

«¿Qué productos puedo vender yo?»

Y me contesté:

«Todos los que me sea posible»

Fue entonces cuando arribé por fin a mi idea de negocio. Me dedicaría a la venta de cosas, al comercio de artículos. Mientras más productos vendiera, tanto mejor.

Las grandes cadenas comerciales no se han hecho de oro precisamente especializándose en una sola línea. Venden de todo. Baste con pensar en "El Corte Inglés", una cadena de tiendas que constantemente está inspeccionando el mercado para ver dónde puede explotar oportunidades de negocios. Lo que comenzó siendo una tienda de venta de ropa ahora vende de todo y de calidad. Tienen hasta agencia de viajes, aseguradora, lavandería, y todo lo que uno se pueda imaginar. Quizás la única excepción sea la venta de coches y aeronaves. No me extrañaría que pronto ocupen un nicho en ese mercado.

Opté entonces por decidirme a poner una tienda de venta de artículos de todo tipo sin especializarme en ninguno en concreto. No quería ser como las ferreterías, las tiendas de ropa o las zapaterías. Pondría una tienda en la que pudiese vender de todo un poco. Es un tipo de negocio que existe desde tiempos inmemoriales. En Venezuela las llaman "Quincallas", o "Quincallerías". Para la época en que pensaba poner la mía había en España el boom de las tiendas denominadas "Todo a cien". Las llamaban así porque la mayoría de sus productos se podían adquirir con cien pesetas. Poco tiempo después fueron dejando estas denominaciones atrás para convertirse en lo que realmente eran; una especie de bazares en los que se vendía de todo un poco; como en las tiendas de los chinos.

Ese sería entonces mi negocio ideal; un bazar estilo "Todo a Cien".

CAPÍTULO DÉCIMO

Problemática de la financiación
Las puertas cerradas

> *"Dile a todos lo que quieres hacer y alguien querrá ayudarte a hacerlo"*
> *(W. Clement Stone)*

Una vez que hube superado la problemática de la idea; el escollo que a mi manera de ver era el más importante, comencé entonces el proceso de ensamblaje material de mi proyecto.

No tenía un solo centavo para comenzar. Esto es algo que se cuenta y no se cree. Y no lo tenía por dos razones fundamentales. La primera, que en realidad mi situación económica era deplorable, crítica. Apenas si tenía dinero para dar de comer a mi familia. Y la segunda, que hice caso expreso a los consejos del director de mi Banco cuando me dijo aquello de que no me preocupara por el dinero ya que una vez que tuviese la idea consolidada y un buen proyecto de cómo ejecutarla entre manos, el dinero vendría solo.

Busqué un local comercial en el que montar el negocio. Consulté precios de varios que se estaban alquilando, estudié muy bien las zonas en que se encontraban, analicé la cantidad y la calidad de competencia que tendría, y por fin me decidí por un pequeño local ubicado en una galería comercial. No era un sitio muy concurrido ni especialmente comercial, pero fue lo que más se ajustó al proyecto de negocio que pensaba presentar al Banco para pedir financiación.

La timidez que sentí al ser la primera vez que iba a poner un negocio, hizo que auscultara con lupa todo lo que pensaba invertir. Traté de que las cantidades fuesen las estrictamente necesarias.

Toda vez que la ubicación de mi futuro negocio no era óptima, pensé que luego tendría que aplicar distintas estrategias para atraer la clientela. Si solo montaba la tienda y esperaba que la gente fuese de forma voluntaria a comprar mis productos, estaría condenado al fracaso. Así no iba a funcionar el negocio.

Elaboré un minucioso plan de negocios y lo presenté en distintos Bancos y Entidades

Financieras. La mayoría me pidió que en lugar del proyecto les presentara un tratado académico de economía con el que cualquiera fuese capaz de superar un doctorado, optar al Premio Nobel de Economía, o postularse como candidato a presidir el Banco Mundial o el Fondo Monetario Internacional.

Pocas veces en mi vida me topé con gente tan obtusa y miserable. Todos se negaron a financiarme. Y eso sin contar con que además del proyecto o plan de negocios, me exigían avales personales y/o garantía reales (hipotecas) para darme financiación.

Acudí entonces al director del Banco que me había dicho lo de que me preocupara por la idea y no por el dinero; que el dinero no era el problema.

—Aquí tienes la idea —le dije al entregarle el proyecto—, ahora dame el dinero.

Sonrió al verme tan decidido.

Sin abrir la carpeta con los documentos, dijo:

—Recuerdo haberte dicho que necesitabas una "buena idea", no simplemente una "idea". ¿Puedo confiar en que me encontraré aquí con eso?.

—Bueno... —le dije—, yo creo que sí.

—¿Alguien lo ha revisado? ¿Lo has consultado con un experto? Un economista, quiero decir, o un empresario al menos.

—Lo he consultado con mi familia y conmigo mismo —le dije.

—No sé si sea suficiente —comentó—. Estoy seguro que si yo escribo un poema y se lo llevo a mi madre, no solo lo leerá, sino que también lo recitará con deleite y devoción. Pero si el mismo poema lo presento a un concurso literario, es posible que quede en último lugar o que ni lo admitan a concursar.

—Bueno... —le dije—, tú lee el proyecto y hazte de cuenta que eres mi mamá.

—Jajajajajajaja... —sonrió estrepitosamente.

Al día siguiente fui a verlo nuevamente. Me dijo que la idea no era mala, pero a su criterio no lo suficientemente buena para arriesgarse. Al menos no su Banco. Me dio algunos consejos para mejorarla, y me planteó un abanico de posibilidades. Además de la alternativa de buscar un fiador o un avalista, dijo que podría intentar buscar un socio que aportara el capital. También señaló otra alternativa, que acudiera a una Sociedad de Garantía Recíproca, un tipo de organización dedicada en la que había varios socios que entre ellos se servían mutuamente de garantía cuando alguno lo necesitaba.

Acudí a una de ellas. Se llamaba "SOGARPO" (Sociedad de Garantía Recíproca de Pontevedra). Hice todo lo que me pidieron. Me inscribí como socio, les entregué mi proyecto revisado y pulido muchas veces, e hice una presentación presencial ante la directiva explicando cómo iba a hacer para devolver el dinero del préstamo, en cuánto tiempo y bajo qué condiciones. Me plantearon decenas de interrogantes. Después de discutir entre ellos varias veces, consultarse dudas e interrogantes diversas, me dijeron que mi proyecto no servía y que no le veían ninguna posibilidad a mis ideas. Las principales razones eran que el pueblo donde quería poner la tienda tenía muy poca población y en consecuencia, muy bajos niveles de consumo, y que la competencia era muy grande; habían dos tiendas similares muy cerca de donde tenía pensado poner la mía.

Fue un golpe duro e inesperado. Había confiado todas mis ilusiones a aquella alternativa.

Uno de los de SOGARPO me dijo, quizás a modo de consuelo, que no tomara sus opiniones como la santa palabra porque no lo eran. Que ellos estaban obligados a ceñirse a lo estrictamente formal, que tenían pocos márgenes para el error. Ponían en riesgo el dinero de otros y por eso no podían arriesgarse en demasía. Ello no quería decir que mi idea no fuese ejecutable y mi futuro negocio un éxito probable.

Luego me dijo otra cosa que me reactivo las ganas de dejar de ser esclavo para el resto de mi vida, que de momento se me habían dormido un poco. Según su criterio, había un elemento que ellos no podían ver ni, en consecuencia, valorar; mi fuerza interior. No podían opinar sobre mi capacidad para salir adelante de las futuras adversidades. Solo yo conocía ese elemento. Y según él, aquella era, quizás, la mejor de mis palancas, mi mayor punto de apoyo.

A pesar del varapalo sufrido, la experiencia me dejó fortalecido. Si no era con los Bancos ni con los de SOGARPO, por algún lado obtendría financiación. Nunca me dejaría vencer.

La expresión: "El dinero NO ES el problema" seguía dando vueltas y vueltas en mi cabeza. La adopté como adopta un religioso un dogma de fe. No iba a permitir ahora que ya tenía mi idea y mi proyecto en mente, que la falta de financiación lo echara todo a perder.

En aquellos momentos en que donde fuera me cerraban las puertas en las narices, me aferré intensamente a la fe en mí mismo, ya que creí que hasta el mismo Dios me había abandonado. Si abandonó a su hijo cuando lo estaban moliendo a palos, no veía cuál podía ser la razón para que no me abandonara a mi también que no era nada suyo.

A diferencia de Robinsón Crusoe, que se aferró a su fe religiosa cuando quedó solo y abandonado durante años en una isla desierta, yo no busqué ayuda en lo sobrenatural. Continué buscando las soluciones por mí mismo. No esperé a que ningún Dios se apiadara de mí y viniese a rescatarme.

CAPÍTULO UNDÉCIMO

La solución final
Inicios, establecimiento y consolidación
Desarrollo de la actividad

"Está bien celebrar el éxito pero es más importante prestar atención a las lecciones del fracaso"
(Bill Gates)

Pasados aquellos días de incesante búsqueda de financiamiento y soluciones, una mañana recibí una llamada del director del Banco para pedirme el proyecto mejorado. No sabía de qué manera podría mejorarlo más, con todo lo que había hecho, pero seguí sus instrucciones al pie de la letra. Pasaba que habían abierto unas nuevas líneas de financiación para nuevos emprendedores garantizadas por el Estado Español.

No solo me llamó aquel director del Banco, sino seis o siete más de otras entidades crediticias. Tantos esfuerzos había hecho por convencerles que al parecer no habían sido en vano. Al final solo se lo di a aquel director de Banco que había tenido las mayores consideraciones conmigo; el mismo que me había dicho lo de que el dinero no era el problema.

Ocurrió que mi proyecto fue el que primero aprobaron. Y me dieron la cantidad máxima de dinero presupuestado para proyectos como el mío; veinticinco mil euros.

La forma de pagarlo iba a ser así:

Durante el primer año me darían una póliza de crédito a un bajo interés. Una forma de financiación en la que no tendría que pagar sino los intereses y aquello que yo quisiese o pudiese abonar al capital. Al finalizar el primer año, lo que estuviese pendiente de saldar de la deuda me lo financiarían entre siete y quince años, a mi elección, con cuotas mensuales fijas. Una forma de financiación bastante desahogada.

El primer año no tendría que preocuparme sino de los intereses, que eran muy poca cosa. En ese tiempo podría echar a andar la actividad, hacer la clientela, sacar a flote el negocio sin la presión de tener que devolver el préstamo con premura.

Y así lo hice.

Alquilé el local comercial que ya tenía visto. Lo acondicioné adecuadamente con estanterías, vidrieras, mostradores y un ordenador con su caja registradora. Era un sitio pequeño, de poco más de cuarenta metros cuadrados, por lo que no necesité de mucha inversión para adecuarlo a mis fines.

Lo atiborré con mercancías de todo tipo. Vi que en este punto estaba una de las claves del futuro éxito de mi negocio; los proveedores. Antes de iniciar la actividad, me preocupé por investigar quiénes serían mis proveedores, dónde iba a comprar la mercancía que iba a vender. De todos los que investigué, seleccioné tres o cuatro con los precios más económicos y mayor calidad en los productos. Con ellos hice las primeras compras y llené la tienda.

Pocos días después de abrir las puertas, comenzaron a visitarme decenas de representantes comerciales sin yo llamarlos. Muchos iban con inmensos catálogos, otros llevaban muestrarios de cada pieza, como el caso de una chica que vendía bolsos, carteras, y prendas de plata y fantasía.

No sé cómo se las ingeniaban para saber donde estaba mi negocio. Supongo que consultando las bases de datos de nuevos comerciantes en Hacienda, la Seguridad Social, el Ayuntamiento, o qué se yo...

Algunos se ofrecían a financiarme. No les pagaba la mercancía cuando la recibía sino en plazos que luego me iban ampliando. Entendía que no era una forma de bondad y consideración para conmigo, sino la necesidad de fidelizarme como cliente, que me viese compelido a comprarles a ellos y no a otros.

Lo cierto es que los comerciales me visitaban como moscas. Tenía que hacer turnos para atenderlos. No podía con todos. La mayoría iban cerca de la hora del cierre para no interferir en mis ventas diarias.

Puesto a pensar sobre el tema de la compra, pronto me percaté de que aquel era el verdadero secreto del éxito en las ventas. Mientras más barato comprara más ganaría en las ventas y más podría competir con el resto de comercios de la zona.

Me di cuenta que aquel era uno de los secretos mejor y más celosamente guardado por los comerciantes. Cuando, antes de abrir la tienda, estuve investigando con otros comerciantes sobre sus proveedores, me mandaron a aquellos que tenían los precios más altos o las peores mercancías. Nunca me dijeron de los mejores. Aquello era como el pescador que descubre un sitio en el que extrae peces en abundancia y de calidad; le dice a los otros que tiren sus anzuelos en otros sitios donde la pesca es mala y muy difícil de conseguir.

Pero yo no me quedaba allí; seleccionando entre los comerciales el que me vendiera más barato. Hablando distendidamente con ellos, investigaba sin que se diesen cuenta, sobre sus propios proveedores. Si me saltaba sus posiciones en la cadena de comercialización, aún podría comprar los artículos mucho más económicos, y con ello tener aún mayores ganancias en las ventas.

Fue así como en muchas ocasiones llegué a comprar productos directamente de manos de los fabricantes. Pero aquello tenía la limitación de que muchas veces debía comprar al "Gran Mayor", como se suele decir en la jerga de los comerciantes, y al yo tener una tienda tan pequeña no podía surtir tanta mercancía de un solo objeto.

Por poner un ejemplo; si iba a comprar bolsos, tenía que comprar a lo menos cincuenta bolsos de un solo modelo, o cincuenta carteras, cincuenta cinturones, etc. Ese es el tipo de compra al "Gran Mayor". Por eso tenía que meter muy bien el ojo para saber qué cantidades debía comprar. Se daba también la circunstancia que en casos como los bolsos para damas si los compraba todos iguales, ya cuando una lo usaba las demás no querían llevar el mismo, salvo que fuese de una marca reconocida y no era eso lo que yo vendía. No era como con los cepillos de dientes o los bolígrafos. Era un tipo de mercancía que tenía una salida diferente.

La fidelización de clientes fue una de las cosas más difíciles que tuve, aunque no catastrófica como muchos me habían asegurado que sería. El local en el que funcionaba mi tienda tenía la desventaja de ser pequeño, por lo que no podía albergar mucha mercancía como las grandes tiendas. También, que no estaba todo lo bien ubicado que sería deseable. Se encontraba en unas galerías comerciales, escondido entre los últimos. De allí que casi desde el día de la inauguración, me dediqué a ir a las zonas céntricas del pueblo a repartir folletos publicitarios. Y era increíble el efecto que surtían. Cada vez que repartía folletos, las ventas subían como la espuma. Comprobé cuán de cierto era lo de que "lo que no se exhibe no se vende". Y mis folletos no tenían un contenido especial. Solo ponían el nombre de la tienda y aquello a lo que nos dedicábamos; un bazar en el que vendíamos de todo un poco.

Hay otro elemento adicional que tuve muy presente desde los primeros días que abrí el negocio, y que no puedo dejar de comentar. Como ya dije en capítulos anteriores, la apariencia de mi rostro era muy desagradable, horrible. Siempre he tratado de compensar tan natural deficiencia con simpatía, pero es algo que muy pocas veces me ha funcionado. Mi madre decía de mí que aparte de feo era antipático por naturaleza, muy serio. Que nací con el ceño fruncido. Y si lo decía ella, que aún así me quería, no quiero ni imaginar lo que dirán los demás.

No podía permitir que la clientela dejase de ir a la tienda por evitar la desagradable visión de mi rostro. De allí que me propuse mejorar mi imagen practicando sonrisas y caras felices ante un espejo. Dio la coincidencia que mi esposa me descubrió en plena práctica, y se rió de mí a más no poder. Después que se le pasó el ataque de risa, le expliqué que mis intenciones eran atenuar un poco mi fealdad para no espantar la clientela. Se mostró comprensiva, y me ayudó. Después de mucho estudiar la mejor manera de estructurar los músculos de la cara para verme un poco más simpático, adopté una postura que parecía funcionar; la de una espontánea sonrisa que me hacía parecer al actor cómico Eddy Murphy. Cada vez que entraba un cliente a la tienda, yo esbozaba aquella singular compostura y la gente se reía. Creo que más de mí que conmigo. Al menos no los espantaba con mi natural fealdad, que ya era de agradecer.

Teniendo muy presente aquella limitación, procuré ensamblar la tienda de tal manera que los clientes no tuviesen la necesidad de ser atendidos, sino que ellos mismos se sirvieran por su cuenta. Así minimizaba al máximo las posibilidades de que dejasen de visitarme para no verme. Adicionalmente, coloqué ambiente musical, una pantalla de ordenador con formas danzantes en tres dimensiones, y un televisor que siempre permanecía encendido en alguno de los canales de mayor audiencia. Cuando la gente entraba a la tienda desviaba su atención a aquellas imágenes, a la música, a la televisión y a la forma como estaba expuesta la mercancía. Así, cuando se iban, no llevaban consigo el desagradable recuerdo de mi feo rostro riéndome como Eddy Murphy, lo cual era de agradecer.

Al finalizar el primer año y hacer balance, ya tenía pagado la mitad del préstamo del Banco y me encontraba solvente con todos los proveedores y al tanto en el pago de todas las facturas (alquiler, agua, luz, aseo urbano, seguridad social, impuestos, etc.). Me llamaron del Banco para preguntarme cómo quería financiar el resto de la deuda que aún tenía pendiente, e incluso, me ofrecieron renovarme la póliza de crédito por un año más, vistos los buenos resultados obtenidos y lo buen cliente que había sido.

No quise renovar la póliza de crédito sino financiar la deuda restante al máximo de tiempo que me permitieron; quince años. De aquella manera me quedarían las cuotas mensuales más bajas y podría ir abonando a la deuda cada vez que quisiera para así ir bajando las cuotas cada vez más.

Y lo hice así porque pedí una póliza de crédito adicional en las mismas condiciones que la primera, para abrir una segunda tienda en otro pueblo cercano.

Todas las gestiones de la primera tienda las había hecho a nombre de mi esposa. La había colocado a ella como titular en todo porque así obtuvimos algunas ayudas adicionales del Estado que nos permitieron desahogarnos aún más de la deuda con el Banco.

Fueron ayudas por su condición de emigrante retornada, por ser mujer (un programa de discriminación positiva al que se acogió y que por entonces estaba en marcha), y por el hecho de darse de alta como autónoma por vez primera en su vida.

Para abrir la segunda tienda me coloqué a mí mismo como titular. Así pude solicitar en mi nombre otras ayudas adicionales del Estado español, que aunque no llegaron a las cuantías de las que dieron a mi esposa, nos fueron de enorme utilidad. Cualquier gota de agua que cayese sobre nuestro tejado era bienvenida. No podía ser de otra manera.

Y fue así como para comienzos del segundo año de mi vida como comerciante estaba abriendo la segunda tienda de mis negocios.

El primer año me sirvió para comprobar qué tipo de mercancía tenía más salida y en cuáles de ellas las ganancias eran superiores.

Me di cuenta de un gran detalle que al comienzo de mis actividades no tuve en cuenta, pero que en los sucesivos años marcarían las estrategias de crecimiento en las ventas; las estaciones. Los hábitos de consumo de la gente eran muy distintos dependiendo de la época del año en que nos encontrásemos. Los cambios iban de la mano con las estaciones. En verano las ventas se disparaban. Al ser España un país que vive del turismo, en aquella época del año nos visitaban cientos de personas de otros lugares. Y en invierno, en la temporada de diciembre y para las fiestas de los Reyes Magos, las ventas también tenían un repunte extraordinario.

Tuve muy en cuenta aquellos cambios en los patrones de conducta de mis clientes para programar mis gastos de los años subsiguientes.

Había meses en los que las ganancias por las ventas no alcanzaban para sufragar los gastos. Ello lo compensaba con las ganancias de los meses de verano e invierno. De aquella manera, mis estimaciones en gastos e ingresos las hacía tomando en cuenta el año completo y no cada mes en particular.

Para el segundo año, había hecho una depuración completa de todo lo que no me servía. Ello incluía malos proveedores y líneas de mercancía que no tuviesen suficiente salida y, en consecuencia, buen atractivo comercial para mi clientela. En esto último tuve mucho cuidado de no tocar aquellos artículos que aún reportándome ínfimas ganancias cumplían la labor de mantener la gente visitándome.

Muchas veces no me importó hacer alguna que otra oferta de productos aún perdiendo dinero. Yo sabía que de aquella manera atraía la atención de la gente a mi negocio, y lo que perdía en aquellos productos lo recuperaba en otros en los que las ganancias eran muy superiores. Una cosa compensaba la otra. Perdía en unos pero ganaba lo suficiente en otros para compensarlo. Era la estrategia del juego de ajedrez, en el que muchas veces tienes que sacrificar piezas de menor rango para proteger y vigorizar objetivos superiores.

A comienzos de mi segundo año como comerciante, cambié mi pequeño coche por una furgoneta grande. Las ganancias en mis negocios y mis proyecciones futuras así me lo permitieron. A partir de entonces comencé a visitar personalmente a los proveedores. Otro mundo se abrió ante mí.

Encontré decenas de productos a mejores precios y con mayor demanda entre mis clientes; bolsos, maletas, carteras, cinturones y bisutería de todo tipo. Me enteré que en distintos sitios de España y Portugal hacían ferias de comerciantes mayoristas y comencé a visitarlas y a comprar a mejores precios.

Cinco años después de abrir la primera tienda, ya tenía canceladas todas mis deudas con los Bancos, incluido el préstamo para adquirir la camioneta.

En el transcurso de aquel tiempo, cuatro tiendas más como la mía abrieron sus puertas, incluido un inmenso bazar chino y un enorme supermercado. Y no era porque la población hubiese aumentado. La gente de poblaciones vecinas se fue habituando a comprar en mi tienda, y la propia gente del pueblo que antes compraba en otras partes, ahora lo hacía en los comercios locales.

Con eso quedó demostrado que la excusa que me dieron los de SOGARPO para no avalarme, respecto de los bajos niveles de consumo en la zona, era falsa.

Algunos comentarios aparte tengo que hacer respecto de los chinos.

Una de las razones para que montasen su tienda en el pueblo fui yo, sin ánimo de halagarme. Voy a explicar porqué.

Ocurría que los muy espabilados tenían la estrategia de ir abriendo tiendas donde notasen que el consumo de sus productos fuese en aumento. ¿Cómo lo sabían? Porque a su vez tenían grandes almacenes mayoristas en los que yo también compraba, y los usaban a su vez como observatorios comerciales.

A medida que mis compras fueron en aumento, cada vez que iba a comprarles me preguntaban qué tal me estaba yendo. Se interesaban por los artículos que compraba, pero sobre todo, por las cantidades. Cuando vieron que mi actividad era lo suficientemente importante como para desplegar su ataque, montaron su tienda al lado de la mía.

¿Cómo supe todo esto?

No solo por mis sospechas y agudas observaciones, sino porque con los años entablé una fuerte amistad con el director del bazar que montaron en el pueblo y me enteré que era familiar lejano de los mismos mayoristas que me surtían a mí. No es nada raro tampoco. Creo que al final todos los chinos son de la misma familia.

La llegada del inmenso bazar chino al pueblo donde tenía mi tienda no fue causa de desagrado para mí, como muchos pudieran pensar. Y no lo fue por varias razones.

La primera es porque hay muy poca gente a la que le guste tanto un bazar chino como a mí.

Soy fanático de un chino. Adoro sus tiendas. Tienen todo lo que uno busque.

La segunda, porque siento una especial fascinación por los chinos. Creo sinceramente que son preciosos. Tienen una belleza singular, única, especial. Me encantaría haber nacido chino para no ser tan feo. Y no solo por eso, sino también para verlos todos los días. No imagino dicha más grande que practicar el arte amatorio con una preciosa china. Debe ser algo sublime, maravilloso.

La tercera razón, y esta ya más referida al mundo de los negocios, es porque, sinceramente, nunca los consideré mi competencia. Jamás se me ocurrió competir con ellos.

Siendo que ambos vendíamos mercancía similares, o muchas veces iguales, ¿cómo se explicaba eso?. Muy sencillo.

Entre los bazares chinos y el mío había abismales diferencias.

La primera estaba referida al tipo de mercancía. La mía se distinguía de la de ellos en que era tremendamente selecta. Yo no vendía cualquier cosa. Desde que abrí la primera tienda traté de distinguirme vendiendo solo productos de gran atractivo, tanto en su estética, como en su funcionalidad y, por supuesto, en el precio.

De allí que aunque parezca increíble, la llegada del nuevo bazar chino en lugar de disminuir mis ventas las incrementó. Quizás haya sido porque me esmeré aun más a la hora de seleccionar mis productos y en las atenciones a mis clientes. No se trataba de no vender artículos como los suyos, sino en hacer ver a mis clientes las diferencias. Por poner un ejemplo; si ellos vendían colchonetas de playa, yo también las vendía pero de mejor calidad y a menor precio.

En segundo lugar está el hecho de que yo ya tenía fidelizado un importante núcleo clientelar. Mis clientes decían que nadie los trataba como yo. Los mimaba y los atendía con mucho esmero. Con eso, ni los chinos ni nadie podía competir conmigo.

Estos son solo algunos ejemplos de mis atenciones;

1.- Les invitaba café, agua o refrescos. Para ello compré una máquina de hacer café capuchino, mokachino, solo, cortado, etc., y una neverita pequeña para mantener frías las bebidas. Ojo con eso; nunca vendí cafés ni bebidas, las obsequiaba.

2.- Les hacía descuentos especiales, muchas veces aún dando pérdida.

3.- Estaba atento cuando buscaban algo y no lo hallaban para buscárselos con mis proveedores hasta debajo de las piedras si fuese preciso. Y cuando se los encontraba, los llamaba para que lo fuesen a recoger a la tienda, o se los llevaba personalmente a sus respectivos domicilios.

4.- Les ofrecía la posibilidad de cambio en todos los artículos, e incluso de devolución del dinero cuando lo adquirido no llenase sus expectativas.

5.- Les daba servicio de transporte a domicilio de sus compras cuando así lo necesitasen, sin costo adicional.

6.- En las fiestas de fin de año les obsequiaba con calendarios, llaveros, botellas de cava u otros detalles semejantes.

7.- Les envolvía los regalos con papel de regalo de calidad sin que por ello tuviesen que pagar ningún añadido.

Con tales ventajas y atenciones, había quien me preguntaba:

«¿Así quién no iba a ser cliente tuyo?»

Todo lo que pudiese invertir en mis clientes, lo hacía sin pensarlo dos veces. Aquella era la fuente de mis ingresos ¿cómo no invertir en ellos?. Yo sabía que tarde o temprano esa inversión se revertiría en mi favor forzosamente.

Por tanto, puedo aseverar con total rotundidad que nunca me sentí mal con la llegada de los chinos como competencia, al contrario. Lo utilicé para repotenciarme y relanzarme como comerciante de éxito.

EPÍLOGO

*"El pobre carece de muchas cosas,
el avaro de todo"*
(Séneca)

A comienzos de mi sexto año como comerciante, me di cuenta que había superado con creces mis objetivos iniciales. La experiencia, en su conjunto, superó considerablemente todas mis expectativas.

Quizás, lo que más me ayudó fue apartarme de manera radical y absoluta de las opiniones ajenas, tanto de expertos como de familiares y amigos. Nada de lo que me dijo o aconsejó ninguno de ellos me sirvió, al contrario. Ni siquiera las opiniones de mis familiares más próximos, como mi madre. Y no se trataba de que fuesen criterios salpicados de mala fe, aunque de seguro alguno habría. El problema estaba en que sus juicios y razonamientos estaban impregnados de sus propios complejos, miedos y limitaciones. Y aquellas, eran trabas de enorme peso que me anclaban como un barco a su puerto impidiéndome avanzar. Cuando me libré de ellas, comencé a prosperar. Fui como un caballo que en el hipódromo hasta que no le abren la puerta de salida no echa a correr, y entretanto solo debe conformarse con ver a otros hacerlo. Al librarme de complejos y ataduras, propios y ajenos, corrí como el que más, llegué a mi meta y la superé notoriamente.

Las tiendas se convirtieron en la esencia de mi vida. El centro alrededor del cual todo giró. La fuente que mantuvo siempre llena mi cartera.

Tuvo que pasar mucho tiempo para liberarme de las deudas con los Bancos, quizás lo más engorroso del camino. Después, todo comenzó a ser ganancias, dinero y felicidad.

Pienso que lo más importante de todo fue que gracias a lo que hice logré alcanzar por fin el objetivo que desde el principio busqué; abandonar definitivamente la esclavitud como forma de vida.

Nunca más volví a ser esclavo de nadie, y nunca más lo volveré a ser.

—Fin—

www.ingramcontent.com/pod-product-compliance
Lightning Source LLC
Chambersburg PA
CBHW070302230526
45470CB00002B/686